I0057500

Hasso Hofmann
Die Entdeckung der Menschenrechte

Schriftenreihe
der
Juristischen Gesellschaft zu Berlin

Heft 161

W
DE
G

1999

Walter de Gruyter · Berlin · New York

Die Entdeckung der Menschenrechte

Zum 50. Jahrestag der
Allgemeinen Menschenrechtserklärung
vom 10. Dezember 1948

Von
Hasso Hofmann

Vortrag
gehalten vor der
Juristischen Gesellschaft zu Berlin
am 25. November 1998

W
DE
G

1999
Walter de Gruyter · Berlin · New York

Dr. *Hasso Hofmann*,
o. Universitätsprofessor an der Humboldt-Universität zu Berlin

♾ Gedruckt auf säurefreiem Papier,
das die US-ANSI-Norm über Haltbarkeit erfüllt.

Die Deutsche Bibliothek – CIP-Einheitsaufnahme

Hofmann, Hasso:
Die Entdeckung der Menschenrechte : zum 50. Jahrestag der
Allgemeinen Menschenrechtserklärung vom 10. Dezember 1948 :
Vortrag gehalten vor der Juristischen Gesellschaft zu Berlin am 25.
November 1998 / von Hasso Hofmann. - Berlin ; New York : de
Gruyter, 1999
(Schriftenreihe der Juristischen Gesellschaft zu Berlin ; H. 161)
ISBN 3-11-016501-5

I.

Die Entdeckung der Menschenrechte ist kein Akt, sondern ein Prozeß[1]. Es ist sogar eine ziemlich lange und etwas verwickelte, mitunter paradoxe Geschichte, in der sich die Vorstellung von subjektiven Individualrechten, die allen Menschen als Menschen unentziehbar zukommen, herausgebildet hat und, wenn nicht universell, so doch immerhin in vielen Teilen der Erde zur unbezweifelbaren Gewißheit geworden ist. Eine verbreitete Auffassung vom Gang dieser Entwicklung läßt sich etwa so zusammenfassen: Es war im Juni 1215, da wurde der in Frankreich besiegte und folglich politisch geschwächte König Johann von England auf einer Wiese nahe Windsor an der Themse von seinen geistlichen und weltlichen Feudalherren genötigt, ihnen eine Reihe von Rechten einzuräumen. Diese königlichen Zugeständnisse sind bekanntlich in der berühmten *Magna Carta Libertatum*, dem „Großen Brief der Freiheiten" aufgezeichnet. Unter vielen lehensrechtlichen Spezialitäten ist hier auch davon die Rede, daß Umlagen grundsätzlich nur durch den allgemeinen Reichstag auferlegt werden sollen, niemand ohne Zeugen unter Anklage zu stellen sei, freie Männer nicht ohne Rechtsgrund verhaftet und eingekerkert werden dürfen, ihre Bestrafung stets verhältnismäßig sein müsse, Grafen und Barone nach der Art ihres Vergehens nur durch ihresgleichen mit Geldstrafen belegt werden dürfen, London und alle anderen Ortschaften ihre Vorrechte behalten sollen und fremden Kaufleuten freie Ein- und Ausreise zu gewähren sei. Sieht man von der Einbeziehung der Städte ab, die mit ihren Bürgern außerhalb des auf persönlichen Treueverhältnissen beruhenden Lehensverbandes standen, handelt es sich um eine typisch lehensrechtliche Erscheinung des Feudalismus, wie wir sie auch aus anderen Teilen des mittelalterlichen Europa kennen: Der Text spricht von geburtsstän-

---

[1] Diese auf Anregung der Berliner Rechtsanwaltskammer zum 50. Jahrestag der Allgemeinen Erklärung der Menschenrechte durch die Vereinten Nationen gehaltene Rede beruht auf Studien des Verf., die teils in dem Sammelband „Recht-Politik-Verfassung. Studien zur Geschichte der politischen Philosophie", 1986, teils in der Aufsatzsammlung „Verfassungsrechtliche Perspektiven", 1995, enthalten sind. In die Reihe der Vorarbeiten gehören außerdem „Geschichtlichkeit und Universalitätsanspruch des Rechtsstaats", in: Der Staat 34 (1995), sowie „Die klassische Lehre vom Herrschaftsvertrag und der ‚Neo-Kontraktualismus'", in: Öffentliches Recht als ein Gegenstand ökonomischer Forschung, hg. v. *Chr. Engel* u. *M. Morlok*, 1998.

dischen Privilegien und Rechten der freien Männer, nicht von Rechten all' der Abhängigen, der Hörigen und Leibeigenen. Das Besondere an der Geschichte ist allein dies, daß die Engländer die *Carta* als Großen Freiheitsbrief in Erinnerung behalten, sich auch nach Jahrhunderten noch darauf berufen und sie so als Begründung einer durch die *Petition of Right* von 1628, die *Habeas-Corpus*-Akte von 1679 und die *Bill of Rights* aus dem Jahre 1689 kontinuierlich fortgesetzten Tradition begreifen. In ihr werden lehensrechtliche Freiheiten und ständische Privilegien zu „Geburtsrechten" aller Engländer verallgemeinert. Unter diesem Aspekt können später die Menschenrechtserklärungen der rebellierenden Siedler Nordamerikas und die Menschen- und Bürgerrechtserklärung der bürgerlichen Revolutionäre Frankreichs als ein gewissermaßen logischer Schritt weiterer, nämlich nunmehr menschheitlicher Verallgemeinerung ursprünglicher Standesrechte begriffen werden. In diesem Sinn hat Winston Churchill in seiner legendären Rundfunkrede vom 14. Juli 1940, mit der er den Willen zum äußersten Widerstand gegen Hitler im Namen der Freiheit beschwor, sein Land als „mächtige Freistatt" bezeichnet, „die die Urkunden menschlichen Fortschritts birgt". Doch ließ er vorsichtshalber eine der alten Handschriften der *Magna Carta* auf einem Schlachtschiff in die Vereinigten Staaten bringen.

Folgen wir dieser auf den ersten Blick plausiblen, zudem erhebenden Geschichte noch einen Schritt, dann stehen wir vor der „Allgemeinen" oder besser: „Universellen Erklärung der Menschenrechte" durch die Vollversammlung der Vereinten Nationen vom 10. Dezember 1948. Sie weitet, was über 700 Jahre früher auf einer Wiese bei Windsor begonnen haben soll, nunmehr ins Völkerrechtlich-Globale. In der Tat ist diese Pariser Resolution – im Unterschied zu den erst 1966 folgenden zwei völkerrechtlichen Pakten über bürgerliche und politische sowie über wirtschaftliche, soziale und kulturelle Rechte – mit Unterstützung durch die Franzosen hauptsächlich von den Angelsachsen geprägt worden.

Und das wäre sie also, die Historie von der Entdeckung der Menschenrechte bis zur weltweiten Anerkennung? Mir scheint das fragwürdig. Nicht, daß ich die Bedeutung der englischen Verfassungsgeschichte geringschätzen oder den von Churchill beschworenen menschlichen Fortschritt der Rechtskultur in Zweifel ziehen möchte: wohl aber bezweifle ich dessen Einfachheit, bruchlose Geradlinigkeit und mehr oder weniger exklusiv angelsächsischen Charakter. Um Sie auf eine etwas differenziertere, farbigere und – hoffentlich – spannendere Betrachtung einzustimmen, möchte ich im folgenden zunächst drei kritische Punkte nennen, die in dem eben skizzierten Erklärungsmodell nicht vorkommen.

II.

1. Da wäre zunächst der provokante Einwand, die rebellierenden nordamerikanischen Kolonisten hätten in ihrer Unabhängigkeitserklärung und den Verfassungen der Unionsstaaten gar nicht von Menschenrechten in unserem Sinne gesprochen. Gewiß: jene denkwürdige Erklärung vom 4. Juli 1776 redet ausdrücklich von den Rechten aller Menschen. Es heißt dort:

> „Folgende Wahrheiten erachten wir als selbstverständlich: daß alle Menschen gleich geschaffen sind; daß sie von ihrem Schöpfer mit gewissen unveräußerlichen Rechten ausgestattet sind; daß dazu Leben, Freiheit und das Streben nach Glück gehören...".

Und die prototypische *Bill of Rights* des Staates Virginia aus demselben Revolutionsjahr statuiert:

> „Alle Menschen sind von Natur gleichermaßen frei und unabhängig und besitzen gewisse angeborene Rechte, deren sie ihre Nachkommenschaft bei der Begründung einer politischen Gemeinschaft durch keinerlei Abmachungen berauben oder zwingen können, sich ihrer zu begeben; nämlich das Recht auf Leben und Freiheit und dazu die Möglichkeit, Eigentum zu erwerben und zu behalten und Glück und Sicherheit zu erstreben und zu erlangen" (Art. 1).

Aber: waren nicht viele von den feurigen Verkündern und Anhängern dieser Proklamationen selbst Sklavenhalter – und sind sie es nicht geblieben? Wie reimt sich das zusammen, wenn man nicht einfach unterstellen will, das seien alles unehrliche Leute gewesen? Vielleicht kommen wir der Sache auf die Spur, wenn wir fragen, mit welcher Begründung die Menschenrechte den Sklaven vorenthalten wurden. Niemand hat behauptet, die Sklaven seien keine Menschen. Aber, so sagte man, sie seien ja keine Bürger. Wie? Menschenrechte abhängig vom Status des Staatsbürgers? Das scheint uns ebenso paradox wie verwerflich, vergleichbar den bloß lehensrechtlichen Garantien der *Magna Carta*: Freiheiten für Freie, nicht für Unfreie. Aber besinnen wir uns: Gewähren wir unsere Menschenrechte wirklich allen Menschen uneingeschränkt, unabhängig von der Staatsangehörigkeit? Akzeptieren wir Menschenwürdeverletzungen nicht nur dann als Asylgrund, wenn sie „über das hinausgehen, was die Bewohner des Heimatstaats aufgrund des dort herrschenden Systems allgemein hinzunehmen haben" (BVerfGE 54, 341/357)? Und wird der hungernde Somali oder Inder gegenüber der Deutschen Botschaft mit Erfolg einen Rechtsanspruch auf Nahrung erheben, wie er aus unserer verfassungsrechtlichen Menschenwürdegarantie für Deutsche fraglos folgte? – In der politischen Situation der nordamerikanischen Kolonien gegenüber dem englischen

Mutterland ging es aus zwei ganz konkreten politischen Gründen zunächst tatsächlich bloß um Rechte, die den Menschen zwar von Natur aus, d.h. ohne staatliche Verleihung, aber: *als Bürgern eines Gemeinwesens* zustehen. Die Kolonisten wollten jene ererbten Geburtsrechte der Engländer verständlicherweise auch nach der Loslösung vom Mutterland behalten und mußten daher behaupten, daß diese Rechte nicht an den Status eines Untertans der britischen Krone gebunden seien. Und sie brauchten natürliche, also menschenrechtliche Rechte aller Bürger, um eben diese Loslösung von der britischen Krone, ihre staatsrechtliche Sezession, gegenüber der politischen Weltöffentlichkeit zu rechtfertigen. Darum ging es, nicht um eine soziale Revolution durch menschenrechtliche Befreiung der Schwarzen. Folglich bedienten sich die amerikanischen Gründerväter derselben naturrechtlich-staatstheoretischen Argumentation, die der Ur-Liberale John Locke in seinen Abhandlungen über die Regierung von 1690 gegen den Absolutismus der Stuarts vorexerziert hatte. Auch Locke hatte seinerzeit die prinzipielle politische Neuordnung Englands, nämlich die konstitutionelle Fassung der Königsmacht, ja nicht mit traditionellen Argumenten des englischen Staatsrechts einfordern können; denn solche gab es nicht. Schon damals war die einzige Möglichkeit mithin die gewesen, auf die Lehre von einem vorstaatlichen Naturzustand, von der natürlichen Freiheit der Menschen und von der vertraglichen Begründung jeder Herrschaft zurückzugreifen. Noch einmal: mit einem menschenrechtlichen Umsturz der sozialen Verhältnisse hatte das alles nichts zu tun. Die amerikanischen Rebellen waren da eher konservativ, ihre Proklamation defensiv.

2. Anders verhält sich das freilich mit der bürgerlichen Revolution Frankreichs. Die Revolution von 1789 erscheint als erste Revolution im vollen Sinn des modernen Sprachgebrauchs: sie war sowohl staatlicher Umsturz wie soziale Umwälzung und grundlegende Erneuerung der ideellen Orientierung. Gewiß hatte auch die selbsternannte Nationalversammlung in Versailles Schwierigkeiten mit der Umsetzung ihrer „Erklärung der Rechte des Menschen und des Bürgers" vom 26. August 1789. Zwar konnten die Kontroversen um die Rechte gewisser problematischer Minderheiten wie – ich folge den historischen Quellen – Protestanten, Schauspieler und Henker größtenteils alsbald geklärt werden. Härtere und andauernde Schwierigkeiten machten indes die textwidrige Benachteiligung der Frauen, die Judenemanzipation und die Lage der Farbigen in den französischen Kolonien. Immerhin ist die Diskussion darüber sofort begonnen worden und hat alsbald wenigstens zu ersten Teilerfolgen geführt. Ungeachtet solcher Detailproble-

me markiert jene berühmte *Déclaration* vor allem das Ende der altstän-
dischen Sozialstruktur. Diese soziale Dimension unterscheidet die
Französische von der Amerikanischen Revolution, die kein Stände-
Problem kannte. Die Wichtigkeit des gesellschaftlichen Aspekts erklärt
die viel stärkere Betonung der Gleichheit und der gleichen Freiheit aller bei den Franzosen. Verstärkt wird dieses Element durch die alteuro-
päische Notwendigkeit, mit dem Sturz des *Ancien Régime* zugleich einen neuen ideellen Grund für eine neue Art von Gemeinwesen zu le-
gen. Damit gewinnt der Freiheitsgedanke eine ganz andere, noch nicht
dagewesene Bedeutung. Meint Freiheit in der ständestaatlichen Tradition die Behauptung alter, mehr oder weniger partikulärer Freiheiten,
also von speziellen Rechten gegenüber der monarchischen Zentralge-
walt, so erscheint Freiheit im Zeichen naturrechtlicher Begründung
von Staat und Herrschaft und der staatsbürgerlichen Gleichheit als das
grundlegende Prinzip schlechthin. Gegen die altständische Ordnung
leugnet es alle Sonderrechte ebenso wie jede Behauptung natürlicher,
gottgegebener oder traditioneller Herrschaftsbefugnisse. Ausgeprägter
als in Nordamerika wird so in Frankreich der Schritt von den alten
Freiheiten zur einen neuen Freiheit getan. Deren Garantie liegt dann
auch weniger in der Verbriefung spezieller Libertäten als in der neuen
Einrichtung einer allgemeinen, für alle gleichen Gesetzgebung. Folglich beeilen sich die französischen Revolutionäre im August 1789 in
den Artt. 3–6 ihrer *Déclaration* nach dem Prinzip der Volkssouveräni-
tät und dem Grundsatz allgemeiner Handlungsfreiheit das Gesetz als
„Ausdruck des allgemeinen Willens" zu definieren, an dessen Bildung
alle Bürger persönlich oder durch ihre Repräsentanten mitzuwirken
befugt seien. Auf diese Weise wird der überlieferte Bestand einzelner
Freiheitsrechte, die aus der Erfahrung immer wiederkehrender typischer Erlebnisse monarchischer Unterdrückungsmaßnahmen resultie-
ren, durchdrungen und überlagert von dem einen Grundsatz freier
Selbstbestimmung, der nicht gewisse einzelne Ungerechtigkeiten ne-
giert, sondern sich als umfassender Autonomieanspruch gegen alle Be-
hauptungen ursprünglicher Abhängigkeiten, Unmündigkeiten und
Heteronomien wehrt. Wenn wir heute von Menschenrechten sprechen,
meinen wir, wenn auch mehr oder weniger klar mit der einen oder anderen Akzentuierung, stets beides: Schutz vor bestimmten typischen
Erscheinungen des Machtmißbrauchs wie willkürliche Verhaftung und
Folter *und* die Garantie der den privaten Bereich überschreitenden
Selbstbestimmung. Aber nur das eine Element hat lehensrechtliche
Wurzeln. Bei jenem allgemeinen Freiheitspathos stand dagegen Jean-
Jacques Rousseau Pate. Dessen Staatskonstruktion im berühmten „Ge-
sellschaftsvertrag" gipfelt in der Theorie der *volonté générale*, der Ge-

setzgebung durch den vereinigten Willen aller. Freiheit bedeutet danach Teilhabe an der politischen Willensbildung. Eine Grundlage für verfassungsrechtliche Abwehrrechte des Individuums ist im *Contrat social* dagegen so wenig angelegt, daß der „arme Jean-Jacques" deswegen und wegen der Berufung des schrecklichen Robespierre auf ihn gar in den Verdacht geraten ist, der Stammvater des neuzeitlichen Totalitarismus zu sein. Wir werden auf jenen Vorgang der Transformation der alten, Punkt für Punkt verbrieften Freiheiten in den Anspruch der einen neuen, gleichen Freiheit aller noch einmal zurückkommen müssen.

3. Als Grundlage von Freiheit, Gerechtigkeit und Frieden in der Welt nennt die Präambel der Allgemeinen Menschenrechtserklärung der Vereinten Nationen zu allererst die „Anerkennung der allen Mitgliedern der menschlichen Familie innewohnenden Würde".
Art. 1 proklamiert demgemäß:

> „Alle Menschen sind frei und gleich an Würde und Rechten geboren. Sie sind mit Vernunft und Gewissen begabt und sollen einander im Geiste der Brüderlichkeit begegnen."

Damit ist ein weiteres Menschenrechtselement genannt, das aus der durch die *Magna Carta* begründeten Tradition herausfällt. Nicht auszudenken, was wohl zu hören gewesen wäre, wenn man den rauhbeinigen Kontrahenten des hinterhältigen Königs Johann mit solchen „Flausen" gekommen wäre! Noch fast 500 Jahre später bleibt die englische *Bill of Rights* von 1689 weltweit von der Idee geschieden, eine Erklärung der Geburtsrechte aller Engländer gegenüber der Krone habe irgendetwas mit der gleichen Würde aller Menschen zu tun. Von Menschenwürde ist allerdings auch in den Proklamationen der Amerikanischen und der Französischen Revolution nicht die Rede, obwohl sie von den Rechten der Menschen als Menschen handeln. In der zweiten Welle von Verfassunggebungen des 19. Jahrhunderts, die der Juli-Revolution von 1830 folgte, entfällt dann auch der mögliche begriffliche Anknüpfungspunkt bei den Rechten der Menschen. Denn nach dem Vorbild der Belgischen Verfassung von 1831, die statt Menschenrechten die „Rechte der Belgier" statuiert hatte, werden die fundamentalen verfassungsrechtlichen Individualrechte nunmehr „nationalisiert". Menschenrechtserklärungen erscheinen inzwischen belastet durch die Schrecken der großen Französischen Revolution. Die Frankfurter Paulskirchenversammlung verkündet 1849, ohne daß damit eine inhaltliche Reduzierung verbunden gewesen wäre, die „Grundrechte des Deutschen Volkes", die Weimarer Nationalversammlung 70 Jahre später „Grundrechte und Grundpflichten der Deutschen". Erst das Bonner Grundgesetz ist nach abermals 30 Jahren zur Proklamation von Menschenrechten zurückgekehrt und hat – ungefähr ein halbes Jahr nach der Menschenrechtserklärung der Vereinten Nationen – die Unantastbarkeit der Menschenwürde an die Spitze der Verfassung gestellt.

Dieses Bekenntnis zur Menschenwürde verbindet in hervorragender Weise die beiden Ebenen des Freiheitsgedankens, von denen wir gesprochen haben. Denn es bedeutet zum einen Protest gegen alle die unsäglichen Entwürdigungen der Menschen durch die totalitären Gewalten des 20. Jahrhunderts. Und es ist zugleich Chiffre für die freie menschliche Selbstbestimmung, die keiner weiteren Begründung bedarf, ihrerseits aber für jede Einschränkung eine Rechtfertigung verlangt. Darüber hinaus macht es der Rekurs auf den Grund aller Individualrechte der Verfassung in der Menschenwürde unmöglich, diese Rechte in irgendeiner Weise anders zu verstehen denn ganz buchstäblich als von allen politischen, rechtlichen und sozialen Verhältnissen unabhängige Geburtsrechte aller Menschen. Aber noch einmal: Traditionsgut der alten Freiheitsbriefe ist das gerade nicht.

III.

Also fragen wir: Wie kommt der Mensch dazu, sich eine besondere Würde (wem gegenüber?) zuzuschreiben und dieser Würde dann auch noch rechtliche, genauer: grundrechtliche Bedeutung beizulegen? Danach sollen uns im letzten Abschnitt des Vortrags die Hintergründe des im Zusammenhang mit Rousseaus Freiheitspathos erwähnten Umformungsprozesses beschäftigen, der aus einzelnen Freiheitsrechten das Prinzip Freiheit gemacht hat.

Zunächst also zur Herkunft des Menschenwürdekonzepts. Die einschlägige Auskunft besteht häufig in dem ebenso emphatischen wie vagen Hinweis auf die *Imago-Dei*-Lehre, d.h. die überlieferte christliche Vorstellung von der Gottesebenbildlichkeit des Menschen. So heißt es in der biblischen Schöpfungsgeschichte (Genesis 1, 27) bekanntlich:

„Gott schuf den Menschen ihm zum Bilde, zum Bilde Gottes schuf er ihn".

Solche Gottesnähe erhebt den Menschen über seine Mitgeschöpfe, verleiht ihm eine sie überragende Würde und prädestiniert ihn so zum Herrn der Erde. Demgemäß folgt der *Imago-Dei*-Stelle das *Dominium-terrae*-Logion:

„Seid fruchtbar und mehret euch und füllet die Erde und machet sie euch untertan und herrschet über die Fische im Meer und über die Vögel unter dem Himmel und über alles Getier, das auf Erden kriecht" (Genesis 1, 28).

Damit wird die in der antiken Philosophie üblicherweise mit dem Vernunftbesitz begründete Vorrangstellung des Menschen schöpfungstheologisch gesteigert. Eine weitere Überhöhung findet sich am Ende des Mittelalters in der christlichen Mystik des 15. Jahrhunderts. So nennt der Kardinal Nikolaus von Cues (1401–1464) den Menschen ausdrücklich *secundus Deus*, den zweiten Gott, insofern er den mathematischen Entwurf des Kosmos durch den ersten, den Schöpfergott in seinem menschlichen Geist nachkonstruiert und sich in diesem Akt der Erzeugung einer das Universum umfassenden mathematisch-begrifflichen Welt dem göttlichen Schöpfer angleicht. Den meisten heidnischen Philosophen der Antike wäre derlei vermutlich ziemlich vermessen vorgekommen. In der Zeit der beginnenden Renaissance mit ihrem ebenso ausgeprägten wie verbreiteten Gefühl menschlichen Machen-Könnens finden sich indes auch säkulare Seitenstücke. In seiner berühmten Lobrede auf die Würde des Menschen (*De dignitate hominis*) feiert 1486 der Florentiner Humanist Giovanni Pico della Mirandola (1463–1494) als deren Grund die schier grenzenlose Gestaltungsfähigkeit des Menschen, der moralisch sogar Bildner seiner selbst sei.

Ohne Zweifel hat die christliche Schöpfungstheologie die Hochschätzung der Person als Geschöpf und Partner Gottes gefördert und damit den Boden für die Menschenrechtserklärungen bereiten helfen. Die Wirkung war damit aber nur eine indirekte. Ähnliches wird man von dem neuen Gemeindeverständnis der Reformierten und der reformierten „Sektierer", also der Puritaner, Presbyterianer, Kongregationalisten (Independenten) und anderen *Dissenters* sagen dürfen, von denen so viele als „Pilgerväter" in die Weite Nordamerikas ausgewandert sind. Kirchengemeinde war für sie weder eine Heilsanstalt noch Teil einer Amtshierarchie, sondern ein Bund des geistlich „souveränen" Gottesvolkes mit seinem Gott. Daß in diesem Horizont leicht auch neue Vorstellungen von der politischen Gemeinde und deren Grundlagen reifen konnten, liegt auf der Hand. Menschenrechtserklärungen folgen jedoch auch daraus nicht zwingend. Im übrigen ist zwischen Schöpfungstheologie, Ekklesiologie und christlicher Ethik wie deren allgemeinen kulturellen Wirkungen einerseits und den offiziellen kirchlichen Lehren von Recht und Staat andererseits zu unterscheiden. Zumindest mit Rücksicht darauf begegnet die neue päpstliche These, daß die Menschenrechte genuin christliches Gedankengut seien, gewissen historischen Bedenken. Sind die revolutionären französischen Ideen von Freiheit und Gleichheit sowie die aus ihnen abgeleitete Religionsfreiheit des Individuums von Papst Pius VI. 1791 doch umgehend als unvereinbar mit Vernunft und Offenbarung offiziell verworfen worden. Mit der Glaubensfreiheit hat die kath. Kirche erst auf dem Zwei-

ten Vatikanischen Konzil 1965 ihren Frieden gemacht. Und gerade die
Glaubens- und Gewissensfreiheit ist doch ein individuelles Menschen-
recht par excellence. Georg Jellinek hat in der rechtlichen Anerkennung der Religions- und Gewissensfreiheit in einigen angloamerikani-
schen Kolonien seit der Mitte des 17. Jahrhunderts als Resultat refor-
matorischer Auseinandersetzungen sogar das historische Ur-Grund-
recht des Individuums sehen wollen. Nach diesem Vorbild, meinte er,
seien später die anderen Menschenrechte ausgearbeitet worden. Derartige „Keimzellen-Thesen" sind indes, nebenbei gesagt, auch im Hin-
blick auf die Eigentumsgarantie wie auf den Schutz vor willkürlicher
Verhaftung aufgestellt worden. Doch mag dieser Punkt hier auf sich
beruhen.

Festzuhalten bleibt Jellineks Hinweis auf die Bedeutung der Refor-
mationsgeschichte. In der Tat scheinen am ehesten calvinistische Auto-
ren eine gewisse Affinität zum Menschenrechtsgedanken entwickelt zu
haben. Niemand hat aus der *Imago-Dei*-Lehre schärfere politische
Konsequenzen gezogen als der radikale puritanische Dichter John Mil-
ton (1608–1674). In den Auseinandersetzungen der Englischen Revolution folgerte er zur Rechtfertigung der Hinrichtung des Königs
Charles' I. 1649 als eines „Volksfeindes" und „Tyrannen" aus der
Gottesebenbildlichkeit des Menschen nicht nur, daß alle Menschen
von Natur aus frei, sondern auch, daß sie alle zum Herrschen (ergo
auch zum Urteil über Herrscher) geboren seien und in der Glaubens-,
Gewissens- und Meinungsfreiheit ihr wichtigstes Recht hätten. Den-
noch wird man feststellen müssen, daß nicht nur von der kath. Tradition, sondern auch von den reformatorischen Lehren her kein *direkter*
Weg zu den modernen Menschenrechtserklärungen führt. Christliche
Freiheit ist Freiheit nur in und aus der Glaubenswahrheit. Danach gilt
der Christ als frei und der Nichtchrist als unfrei – welchen sozialen
oder rechtlichen Status auch immer der eine oder der andere haben
mag. Christliche Freiheit bedeutet zudem alles andere als freies und
egoistisches Belieben eines Grundrechtsträgers. Und christliche
Gleichheit ist Gleichheit vor Gott. Aber sie unterscheidet zwischen
„Wahrheit" und „Irrtum" und kennt keine pluralistische Gleichheit
von Wahrheitsansprüchen. Auch Luther und Calvin waren sich darin
noch ganz einig, daß „Christi geistliches Reich und die bürgerliche
Ordnung zwei völlig verschiedene Dinge (sind)" (*Institutio religionis
christianae* IV, 20, 1).

Ein direktes Bindeglied fehlt auch zwischen den modernen Menschenrechtserklärungen und derjenigen philosophischen Tradition,
welche die Vorstellung von der Würde des Menschen in der Antike
längst *vor* der christlichen Verkündigung geprägt hat. Eine unmittelba-

re Verbindung findet sich auch in der wirkungsmächtigen frühneuzeitlichen Renaissance der stoischen Philosophie, von der hier die Rede ist, nicht. Wenn wir uns Art. 1 der Menschenrechtserklärung von 1948 noch einmal anschauen, dann bilden die dort erscheinenden Begriffe gleicher Freiheit und gleicher Würde der Menschen zusammen mit den Begriffen Vernunft, Gewissen und Geist der Brüderlichkeit allerdings ein Ensemble von Prinzipien, das schon die weitverzweigte Philosophenschule der Stoa ausgearbeitet hatte und dort Punkt für Punkt nachweisbar ist. Chrysipp, einer der Gründerväter, hat bereits im 3. vorchristlichen Jahrhundert die Welt als eine große Polis, einen großen Staat mit *einer* Vernunft und *einem* Gesetz bezeichnet. Als Vernunftwesen habe der Mensch an diesem Welt-Logos Anteil und folglich Einsicht in diese „Richtschnur für Recht und Unrecht". Kein Mensch sei demzufolge von Natur aus Sklave. Daß der Kosmos eine einzige Stadt und jeder Mensch wegen solcher Verwandtschaft mit dem göttlichen Geist Kosmopolit, ein Weltbürger ist, hat später Epiktet auch die römische Welt gelehrt. In seinen „Selbstbetrachtungen" gab Kaiser Marc Aurel zu bedenken, wie eng die Verwandtschaft jedes Menschen mit dem ganzen Menschengeschlecht kraft Abkunft des menschlichen vom göttlichen Geist sei. Für den Stoiker ist daher nicht nur der Selbsterhaltungstrieb, der im Neustoizismus der beginnenden Neuzeit, etwa in der politischen Philosophie von Thomas Hobbes eine so große Rolle spielt, sondern – in Ciceros Formulierung – auch Menschenliebe und gegenseitige Vertrautheit der Menschen etwas Natürliches. Als einem Vernunftwesen obliegt jedem Menschen, ohne Rücksicht auf seine soziale Stellung, die stoische Pflicht, gemäß der Naturvernunft zu leben und gewissenhaft zu handeln. Von daher hat Seneca eindringlich zu menschlicher Behandlung der Sklaven gemahnt. Daß Sklaverei eine Sache des *ius gentium* und nicht etwa des Naturrechts sei, daß die Menschen danach vielmehr frei geboren werden und gleichwertig sind, haben die römischen Juristen von den Stoikern gelernt. Trotz allem: Nirgendwo regt sich in der stoischen Philosophie auch nur der Hauch eines Protestes gegen die Einrichtung der Sklaverei als solche. Selbst Epiktet, ein von den Folgen der Gewalttätigkeit seines früheren Herrn körperlich gezeichneter Freigelassener, warb zwar für die Anerkennung der Sklaven als Mitmenschen, argumentierte indes nicht gegen die Sklaverei. Stärker als alles andere wirkte hier der stoische Fatalismus, die Ergebung in das Schicksal.

In einen systematischen Zusammenhang bringt die Würde des Menschen, seine Freiheit und seine Rechte erst die aufklärerisch-idealistische Philosophie menschlicher Autonomie. In seiner Sittenlehre schreibt Kant unter der Überschrift „Von der Kriecherei":

„Der Mensch im System der Natur ... ist ein Wesen von geringer Bedeutung und hat mit den übrigen Tieren als Erzeugnissen des Bodens einen ge-
meinen Wert ... Selbst daß er vor diesen den Verstand voraus hat und sich
selbst Zwecke setzen kann, das gibt ihm doch nur einen *äußeren* Wert seiner Brauchbarkeit ... Allein der Mensch als *Person* betrachtet, d.i. als Subjekt einer moralisch-praktischen Vernunft, ist über allen Preis erhaben –,
denn als solcher ... ist er nicht bloß als Mittel ..., sondern als Zweck an sich
selbst zu schätzen, d.i. er besitzt eine *Würde* (einen absoluten inneren
Wert), wodurch er allen anderen vernünftigen Weltwesen *Achtung* für ihn
abnötigt, sich mit jedem anderen dieser Art messen und auf den Fuß der
Gleichheit schätzen kann."

Daraus folgt die kategorische Pflicht eines jeden, den anderen nie-
mals bloß „als Mittel zu (seinen) Zwecken herabzuwürdigen". Diese
Variante des berühmten „Kategorischen Imperativs" Kants ist die
Quelle der über den Grundgesetzkommentator Günter Dürig in die
Rechtsprechung des Bundesverfassungsgerichts gelangten sog. „Ob-
jekt-Formel", wonach es die Menschenwürdegarantie des Art. 1 Abs. 1
GG verbiete, den Menschen zum bloßen Objekt staatlichen Handelns
zu machen. Bei Kant geht es allerdings um eine wechselseitige morali-
sche Achtungspflicht der Menschen untereinander auf der Ebene der
Gleichordnung. Das Recht definiert Kant nicht über derartige ethische
Prinzipien, sondern als Inbegriff der äußeren Bedingungen zur Reali-
sierung menschlicher Sittlichkeit durch Betätigung der Freiheit. Das
„Recht ist" – dies die bekannte Kantische Begriffsbestimmung – „der
Inbegriff der Bedingungen, unter denen die Willkür des einen mit der
Willkür des andern nach einem allgemeinen Gesetze der Freiheit zu-
sammen vereinigt werden kann". Das bedeutet: um die Würde des
Menschen willen muß dessen Freiheit gesetzlich gesichert werden und
muß der Mensch als Rechtssubjekt unter solchen Rechtsgesetzen der
Freiheit leben.
    Ähnlich wie einst typische Erscheinungsformen königlichen Macht-
mißbrauchs zur Formulierung bestimmter Abwehrrechte geführt haben, waren es im 20. Jahrhundert die unsäglichen Greueltaten des Hit-
ler-Regimes, die das von Haus aus ethische Prinzip der Achtung der
Menschenwürde als einen fundamentalen Rechtsgrundsatz an die Spitze der Erklärungen allgemeiner Menschen- und Grundrechte gebracht
haben. Insofern hat es einen tieferen Sinn, daß die *Universal Declara-
tion* der Vereinten Nationen in Paris, auf dem blutgetränkten Boden
des Alten Kontinents verkündet wurde.

IV.

Die Kantische Philosophie zeigt, wie eng der Begriff der Menschenwürde sowohl ethisch wie rechtlich mit dem Begriff der Freiheit zusammenhängt, Freiheit dabei verstanden als Prinzip, als rundum anerkannte Selbstbestimmung und nicht als eine spezielle, tatbestandsmäßig definierte Handlungs- oder Abwehrmöglichkeit neben anderen. Die Übereinstimmung mit Rousseau fällt in die Augen. Damit kommen wir zum letzten Teil unserer Überlegungen. Der Autor des berühmten Gesellschaftsvertrages kennt, wie erwähnt, keine einzelnen Grund- oder Menschenrechte, sondern nur die prinzipielle Freiheit aller in einem imaginären Naturzustand, die es in einem neuen Gesellschaftsvertrag wiederherzustellen gilt. Denselben Geist atmet Kants Grundsatz: „Das angeborne Recht ist nur ein einziges – Freiheit." Und wie bei Rousseau führt die Realisierung dieses Freiheitsprinzips auch bei Kant nicht zur Ausformulierung einzelner Grundrechte, sondern zum Postulat der Herrschaft des Gesetzes, die gleichbedeutend ist mit der Herrschaft aller über sich selbst, insofern sie an der Bildung des Gesetzeswillens beteiligt sind. Die „einzige rechtmäßige" Staatsverfassung sei, lehrt Kant, die, welche „allein die Freiheit zum Prinzip, ja zur Bedingung allen Zwanges" habe, in der mithin das Gesetz und nicht irgendeine Person herrsche. Solch „wahre Republik" aber könne nichts anderes sein, „als ein *repräsentatives System* des Volkes, um im Namen desselben, durch alle Staatsbürger vereinigt, vermittelst ihrer Abgeordneten ... ihre Rechte zu besorgen". Im Gegensatz zu den einzelnen Menschenrechten, die den Schutz des Individuums vor Übergriffen der staatlichen Gewalt reklamieren, stellt das Prinzip der Freiheit die staatliche Gewalt selbst zur Disposition. Als ein rechts- und staatstheoretischer Grundsatz schreibt das Prinzip Freiheit die wahre und einzig rechtmäßige Verfassung des Staates selbst vor. Kern der Konstruktion ist der Gedanke, daß die ursprüngliche gleiche Freiheit aller in einem gedachten vorstaatlichen Zustand im Staat und durch ihn bewahrt werden kann, wenn alle allein dem Willen des Gesetzes als ihrem eigenen Willen gehorchen. Jeder kann durch das, was er tut, einem anderen möglicherweise Unrecht tun, nur sich selbst nicht. *Volenti non fit iniuria.* Folglich muß man durch eine Art von Herrschaftsvertrag der im Urzustand isolierten Individuen bewerkstelligen, daß der staatliche Wille als ihr vereinigter Wille erscheint, durch den – wie Kant sagt – „alle über alle, mithin ein jeder über sich selbst beschließt". In der Französischen Menschen- und Bürgerrechtserklärung von 1789 hatte diese, aus der Tradition individueller Schutz- und Abwehrrechte nicht ohne weiteres begründbare Idee, wie erwähnt, die Form des Postulats

der Mitwirkung aller an der Festlegung der Gesetze als Ausdruck des
allgemeinen Willens gefunden. Art. 21 Abs. 1 der Menschenrechtserklärung der Vereinten Nationen proklamiert allgemeiner:

> „Jeder Mensch hat das Recht, an der Leitung der öffentlichen Angelegen-
> heiten seines Landes unmittelbar oder durch frei gewählte Vertreter teilzu-
> nehmen."

Hinter dem Verfahren, alles Allgemeine und Verbindende auf die
Einzelwillen der Individuen zurückzuführen und allein von daher zu
rechtfertigen, womit dem Willen des Einzelnen der höchste Wert bei-
gelegt wird, steht ein analytisches Gesellschaftsmodell, das seit dem 17.
Jahrhundert das tradierte Rechts- und Staatsdenken erschüttert und
dann transformiert. Dieses neue Muster besteht in der methodisch
strengen Reduktion aller sozialen und politischen Verhältnisse auf die
Individuen als die Atome einer quasi naturwissenschaftlichen Physik
menschlicher Vergesellschaftung. Man nennt diese Denkrichtung den
„methodologischen Individualismus". Fragt man nach dessen Urmo-
dell, dann rückt mit der Antwort unversehens und paradox genug wie
Pontius Pilatus ins *Credo* niemand anders als Thomas Hobbes in die
Vorgeschichte allgemeiner Menschenrechtserklärungen ein. Wie das –
dieser Autor des berühmt-berüchtigten staatsphilosophischen Kinder-
schrecks mit dem Titel „Leviathan"? Ja, eben der. Doch geht es hier na-
türlich nicht um jene repressive absolutistische Staatskonstruktion
ohne alle Grundrechte, die längst abgetan ist, sondern um die darin
enthaltene und bis heute nachwirkende neuartige Gesellschaftstheorie.
Ohne diesen Umbruch wären nämlich auch die liberalen Konsequenzen bei John Locke, die demokratischen bei Rousseau und die rechts-
staatlichen bei Kant nicht denkbar geworden. Und ohne Locke und
Rousseau hätte es die Menschenrechtserklärungen der Amerikaner und
Franzosen in dieser Form schwerlich gegeben und ohne Kant nicht die
besondere deutsche Rechtsstaatstradition.

Mit seiner Lehre vom Naturzustand, seiner sprichwörtlich geworde-
nen Behauptung eines naturursprünglichen „Krieges aller gegen alle"
(*bellum omnium contra omnes*), der durch einen Sicherheit und Ordnung stiftenden Herrschaftsvertrag überwunden werden muß, hat
Hobbes aus einer uralten Geschichte der menschlichen Zivilisations-
entwicklung ein modernes Instrument sozialer Analyse gemacht. Seit
Epikur, Lukrez und Cicero diente der alte Mythos eines vorstaatlichen,
vorzivilen Zustandes dazu, die Entstehung von Gesellschaft, Herrschaft und rechtlicher Ordnung historisch zu erklären und durch das
Ziel eines vollkommeneren Lebens teleologisch zu rechtfertigen. Im
Gegensatz dazu verwendet Hobbes die Vorstellung eines Urzustandes

zur Abstraktion von allen sozialen Verhältnissen und politischen Einrichtungen, um ein wissenschaftliches Ausgangsmodell für die Rekonstruktion der triebhaften Mechanik zu gewinnen, die aus den im Modell theoretisch isolierten, jeweils ihren individuellen Vorteil suchenden Einzelnen die Gesamtheit eines politischen Körpers produziert. Der springende Punkt ist mithin der, daß dieser „methodologische Individualismus" gegen die aristotelische Tradition und d.h.: gegen den logischen Vorrang der Polis vor den Bürgern, des Ganzen vor den Teilen jetzt den Einzelnen als das Ursprüngliche und Elementare begreift und das Ganze, die politische Einheit als ein Verhältnis von Individuen konstruiert. Damit ist für das Nachdenken über Gesellschaft, Recht und Staat eine neue Grundlage gelegt. Der Mensch hört auf, als Person Schutzgut von Recht und Herrschaft zu sein, und wird als abstraktes Individuum subjektiver Angelpunkt aller sozialen und rechtlichen Ordnungslehren. Ein solcher Individualismus kennt keine je besonderen ethnisch-kulturellen Prägungen des Menschlichen mehr. Er ist in seiner Abstraktheit notwendig universell. Fortan müssen alle politischen Herrschaftsorganisationen in allgemeinen Rechteerklärungen – über die Abwehr typischer Machtmißbräuche hinaus – jene fundamentale Bedeutung des Individuellen anerkennen.

V.

Am Ende unserer Überlegungen läßt sich das Ergebnis in einer „Drei-Elementen-These" zusammenfassen. Danach resultiert die „Entdeckung der Menschenrechte" aus der Verbindung und wechselseitigen Durchdringung von drei Momenten. Und zwar handelt es sich erstens um ein Formelement aus der mittelalterlichen Rechtsgeschichte, zweitens um den facettenreichen Stoff eines zentralen Gedankens der abendländischen Geistesgeschichte seit der Antike und drittens um ein katalysatorisches Element, das seit der frühen Neuzeit erst theoretisch, dann auch praktisch für Bewegung, Veränderung und Umformung sorgt.

1. Das juristische Formelement stammt aus dem mittelalterlichen Lehensrecht mit seinen Freiheitsbriefen. Das Schema einer von allen Beteiligten anerkannten Auflistung von Rechtspositionen, die den einer politischen Gewalt Unterworfenen unverzichtbar erscheinen, konnte verhältnismäßig leicht auch außerhalb geschichteter Gesellschaften für einen beliebig großen Kreis von Rechtsgenossen verwendet werden. Wegen ihrer fundamentalen rechtlichen Bedeutung wer-

den diese Kataloge geradezu zwangsläufig Bestandteile der Staatsverfassungen, nachdem die *leges fundamentales*, die Grundgesetze des *Ancien Régime* seit der Mitte des 18. Jahrhunderts im neuen Singularbegriff des einen Grundgesetzes, der einen Staatsverfassung aufgegangen waren. Von da aus können sie sich als Auflistung menschheitsweit geltender Rechte auch wieder verselbständigen.

2. Inhalt und Kreis der Berechtigten solcher Rechteerklärungen ändern sich nicht von selbst kraft eines inneren Prinzips dieser Kataloge, sondern durch die äußeren Umstände. Deren Entwicklung steht zunehmend im Zeichen des Schutzes der Einzelperson. Die für die europäische Kultur spezifische Hochschätzung der menschlichen Persönlichkeit speist sich aus verschiedenen, durchaus heterogenen Quellen wie dem stoischen Pantheismus, der christlichen Schöpfungstheologie, der Mystik, dem Renaissance-Humanismus und der Philosophie der Aufklärung und des Idealismus. Den Gipfelpunkt bezeichnet der Begriff der Menschenwürde, der Selbstzweckhaftigkeit des Menschen.

3. Aber erst ein zusätzliches, katalysatorisch wirkendes Element macht aus der zu schützenden menschlichen Person das autonome Subjekt allen Rechts und formt aus verschiedenen einzelnen Freiheiten das eine Prinzip gleicher Freiheit aller mit einer Reihe besonderer Anwendungsfälle, bei denen das juristische Interesse bloß noch den differenzierten Einschränkungsmöglichkeiten der speziellen Freiheitsrechte gilt. Und nur ein solches katalysatorisches Moment konnte die Liste einzelner Reservatrechte des Individuums über den Gedanken der Selbstbestimmung zur Legitimationsbasis aller politischen Herrschaft umformen. Die Rolle dieses Katalysators spielte das frühneuzeitliche Sozialmodell des sogenannten „methodologischen Individualismus" mit seinen konkreten Erscheinungsformen der Naturzustandslehre und der Theorie des Herrschaftsvertrages. Zugleich ist es dieser bis zur allgemeinen Menschenrechtserklärung der Vereinten Nationen im Hintergrund wirkende radikale Individualismus, der aus der Sicht mancher Teile der sog. Dritten Welt gewisse kulturspezifische Akzeptanzprobleme verursacht hat. Aber das wäre ein anderes Thema.